FARBEN & AUSSCHNEIDEN

FARBEN & AUSSCHNEIDEN

FARBEN & AUSSCHNEIDEN

FARBEN & AUSSCHNEIDEN

FARBEN & AUSSCHNEIDEN

FARBEN & AUSSCHNEIDEN

FARBEN & AUSSCHNEIDEN

FARBEN & AUSSCHNEIDEN

FARBEN & AUSSCHNEIDEN

FARBEN & AUSSCHNEIDEN

FARBEN & AUSSCHNEIDEN

FARBEN & AUSSCHNEIDEN

FARBEN & AUSSCHNEIDEN

FARBEN & AUSSCHNEIDEN

FARBEN & AUSSCHNEIDEN

FARBEN & AUSSCHNEIDEN

FARBEN & AUSSCHNEIDEN

FARBEN & AUSSCHNEIDEN

FARBEN & AUSSCHNEIDEN

FARBEN & AUSSCHNEIDEN

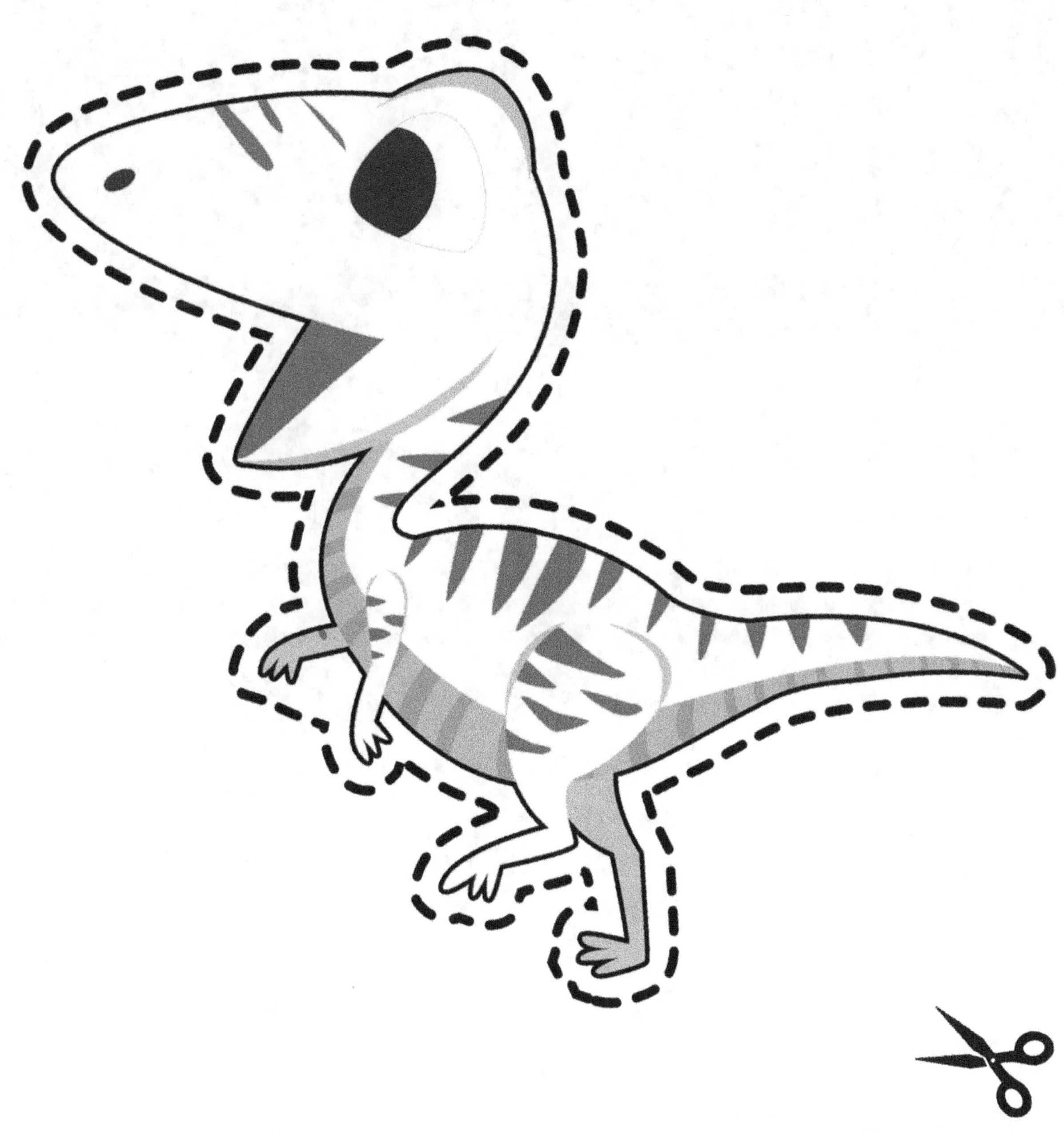

FARBEN & AUSSCHNEIDEN

FARBEN & AUSSCHNEIDEN

FARBEN & AUSSCHNEIDEN

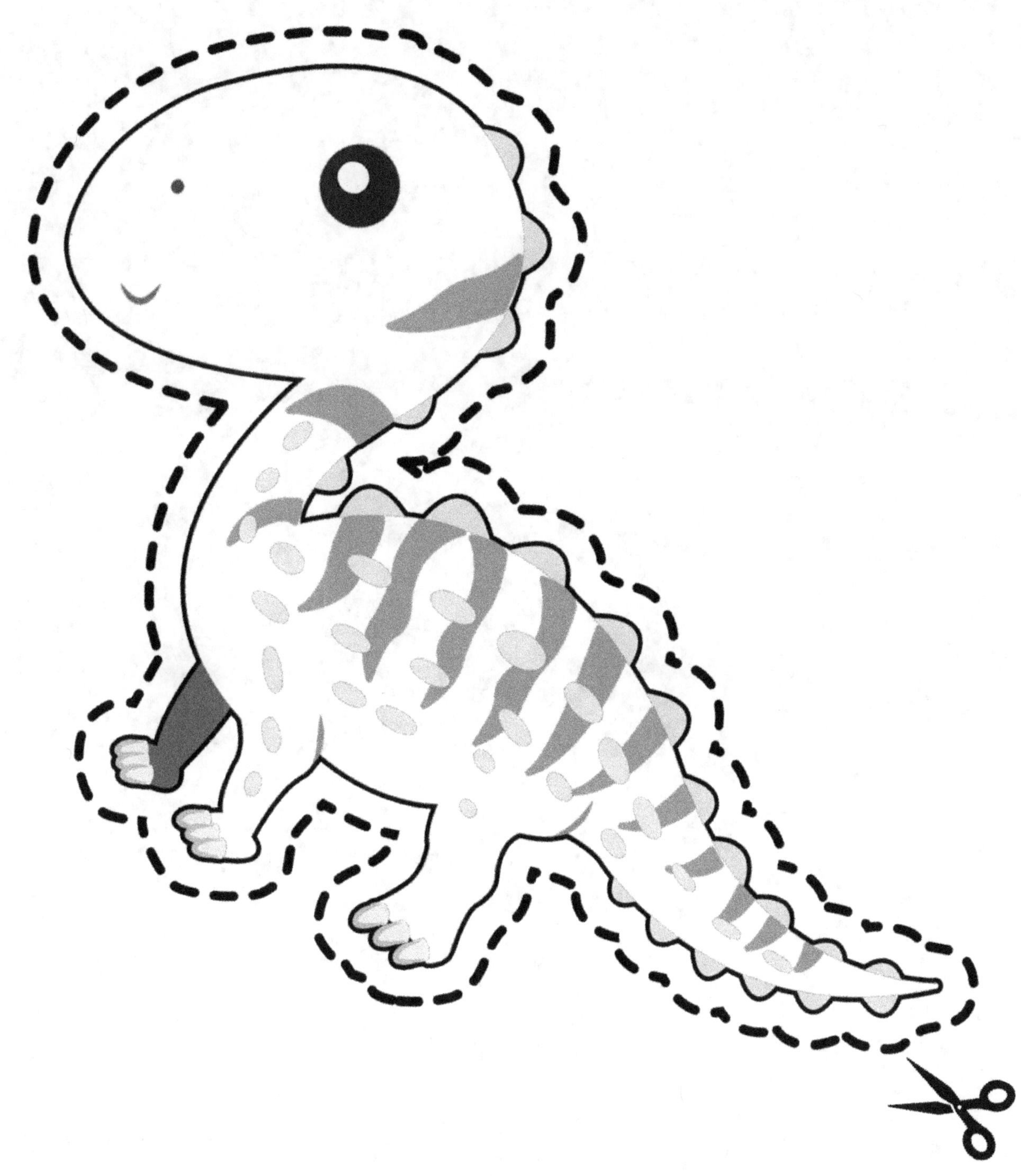

FARBEN & AUSSCHNEIDEN

FARBEN & AUSSCHNEIDEN

FARBEN & AUSSCHNEIDEN

FARBEN & AUSSCHNEIDEN

FARBEN & AUSSCHNEIDEN

FARBEN & AUSSCHNEIDEN

FARBEN & AUSSCHNEIDEN

FARBEN & AUSSCHNEIDEN

FARBEN & AUSSCHNEIDEN

FARBEN & AUSSCHNEIDEN

FARBEN & AUSSCHNEIDEN

FARBEN & AUSSCHNEIDEN

FARBEN & AUSSCHNEIDEN

FARBEN & AUSSCHNEIDEN

FARBEN & AUSSCHNEIDEN

FARBEN & AUSSCHNEIDEN

FARBEN & AUSSCHNEIDEN